J'apprends avec Tibili

CP
6-7 ans

Écriture, Lecture, Maths

Huguette Chauvet
Directrice d'école, maître formateur à l'I.U.F.M. de Paris

Fabienne Rousseau

Illustrations d'Andrée Prigent

Le personnage de Tibili est une création de Marie Léonard et d'Andrée Prigent.

MAGNARD

PRÉSENTATION

La collection « J'apprends avec Tibili » a été conçue et réalisée par des enseignants, avec le souci permanent de respecter les programmes officiels des écoles maternelles et élémentaires.

Quel que soit le niveau (Grande Section, CP ou CE1), chaque livre propose, en écriture, en lecture et en maths, de nombreuses activités, organisées à partir d'histoires ou de situations qui mettent en scène le célèbre Tibili.

Ce petit garçon africain, héros de plusieurs albums de jeunesse, sera le compagnon idéal de vos enfants. Grâce à lui, ils pourront s'entraîner tout au long de l'année, réviser pendant les vacances, et se préparer à aborder le passage dans la classe supérieure dans la sérénité et la bonne humeur !

MODE D'EMPLOI ET CONTENU

Spécialement étudiée pour favoriser une progression rigoureuse, chaque partie (écriture, lecture et maths) se divise en 7 séquences de 4 pages chacune. La première page ouvre sur une activité ludo-éducative, les deux suivantes proposent des exercices de difficulté graduée et la dernière permet à l'enfant de réinvestir ce qu'il a appris.

Au bas de chaque page, un encadré intitulé « Le coin des parents » fournit, aux adultes qui le désirent, une petite information ou un petit conseil sur l'activité en cours.

Tout est dit. Bon voyage dans l'univers de Tibili !

Les auteurs

Écriture

La pirogue

Avec des feutres de couleur, dessine en repassant sur les pointillés. Puis termine la décoration de la pirogue.

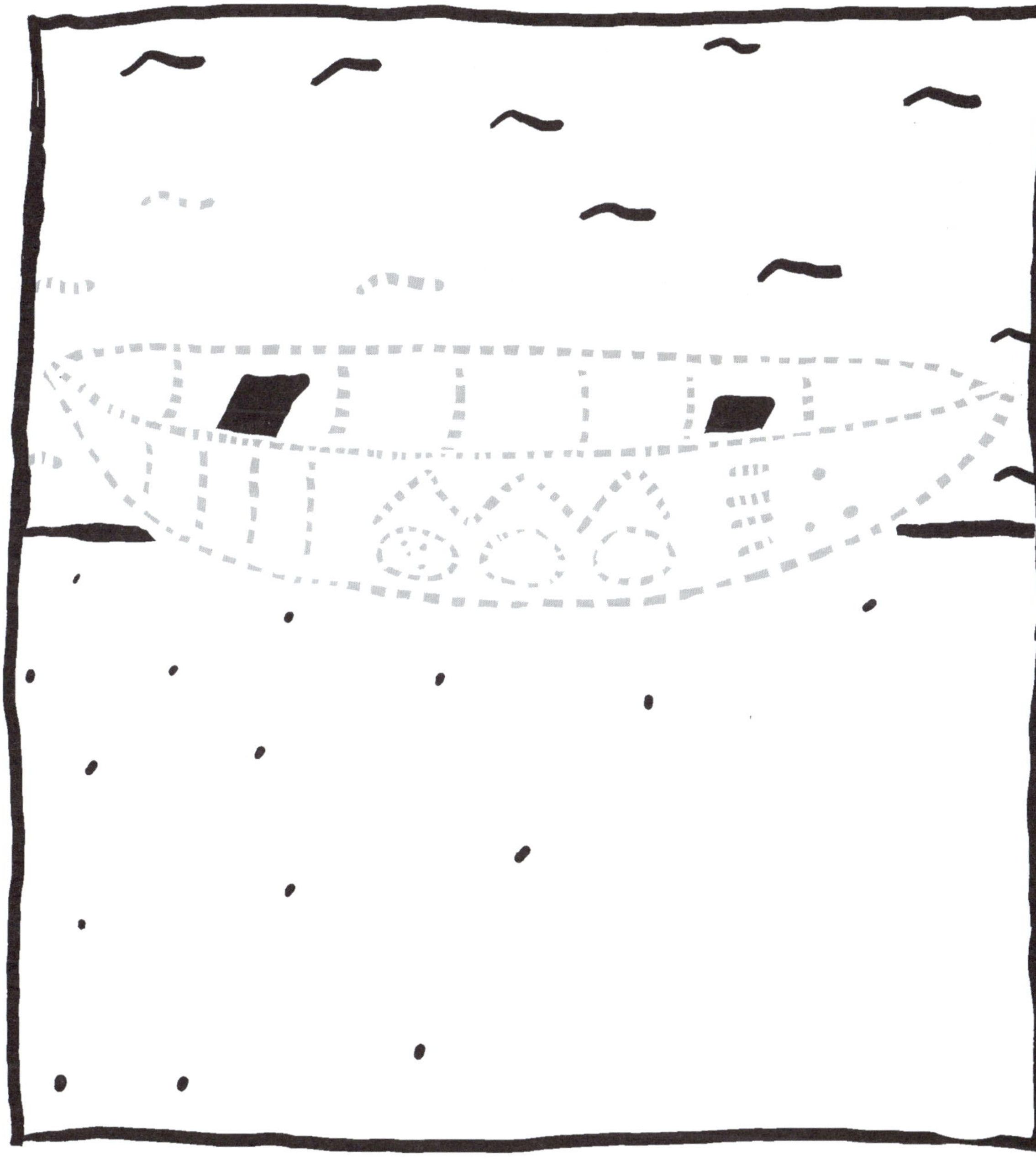

LE COIN DES PARENTS

Avant que votre enfant commence cette activité, vous pouvez lui faire observer les tracés : les longues lignes horizontales se font de gauche à droite, sans lever le feutre, les verticales se font de haut en bas.

Tibili et la course en pirogue

Sur la plage, Tibili décore sa pirogue ; il aime les couleurs vives comme le rouge et le orange de son pagne. Demain, il participera à la grande course de pirogues. Il rêve d'être le vainqueur.

(à suivre…)

Entoure, dans l'alphabet, les majuscules que tu vois dans le texte ci-dessus.

A B C D E F G H I J K L M

N O P Q R S T U V W X Y Z

Repasse sur les tracés des majuscules en suivant les flèches.

S T D U I

LE COIN DES PARENTS

Vous pouvez lire le texte avec votre enfant, et l'aider à repérer les majuscules. Rappelez-lui qu'on trouve toujours une majuscule au début d'une phrase ou d'un nom propre.

À l'aide d'un feutre, repasse sur les tracés, puis continue les lignes.

o o   or or

ro ro   rou rou

a a   an an

ge ge   gne gne

Repasse sur les mots, puis écris seul(e).

rouge

orange

la pirogue

le pagne

LE COIN DES PARENTS

Le point indique le départ du tracé ;
les flèches donnent le sens à respecter.

Tibili décore sa pirogue. *Tibili décore sa pirogue.*

Copie avec un stylo.

Tib *Tib*
Tibili *Tibili*
dé *dé*
déc *déc*
décore *décore*
s *s*
sa *sa*
pir *pir*
pirogue *pirogue*

Maintenant, recopie la phrase entière.

Tibili décore sa pirogue.

LE COIN DES PARENTS

L'enfant écrira mieux s'il comprend ce qu'il écrit. Vous pouvez lui faire lire les mots (ou les phrases) avant et après les tracés.

Le pagne de Kablé

**Avec des feutres de couleur,
continue de dessiner les motifs du pagne de Kablé.**

LE COIN DES PARENTS

Un conseil : Attirez l'attention de l'enfant sur les formes dessinées. Vous pouvez les lui faire décrire afin qu'il anticipe les gestes à faire.

Tibili et la course en pirogue

La famille de Tibili se rassemble près de la rivière. Vêtue de son beau pagne, sa sœur Kablé sautille de joie.
Mézou, le chien, aboie d'excitation.
La girafe et le zèbre arrivent en courant.
Kut-Kut, la pintade qui sait tout, vient se poser sur une branche.
Tout le monde salue Tibili avant le départ. Tibili est ému ; son cœur bat très fort.

(à suivre…)

Entoure, dans l'alphabet, les majuscules que tu vois dans le texte ci-dessus.

A B C D E F G H I J K L M

N O P Q R S T U V W X Y Z

Maintenant, entoure-les dans cet autre alphabet.

A B C D E F G H I J K L M

N O P Q R S T U V W X Y Z

LE COIN DES PARENTS

Vous pouvez lire le texte avec votre enfant et lui proposer d'entourer les majuscules directement dans le texte.
Dans cette activité, l'enfant compare des caractères d'imprimerie et une écriture cursive.

À l'aide d'un feutre, repasse sur les tracés, puis continue les lignes.

f f

f f

am am

fam fam

ille ille

mille mille

œ œ

ur ur

Repasse sur les groupes de mots, puis écris seul(e).

la famille de Tibili

la sœur de Tibili

LE COIN DES PARENTS

Un conseil : Si votre enfant est droitier, placez la page à droite ; s'il est gaucher, placez-la nettement à gauche afin que la main et le poignet soient libres dans leurs mouvements.

Kablé sautille de joie. Kablé sautille de joie.

Copie avec un stylo.

K | K
Ka | Ka
blé | blé
Kablé | Kablé
sau | sau
ille | ille
tille | tille
sautille | sautille
joie | joie

Copie autant de fois que tu le veux.

Kablé sautille de joie.

LE COIN DES PARENTS

Un conseil : Si votre enfant est droitier, placez la page à droite ; s'il est gaucher, placez-la nettement à gauche afin que la main et le poignet soient libres dans leurs mouvements.

Le drapeau

Avec des feutres de couleur, dessine en repassant sur les pointillés et termine la décoration.

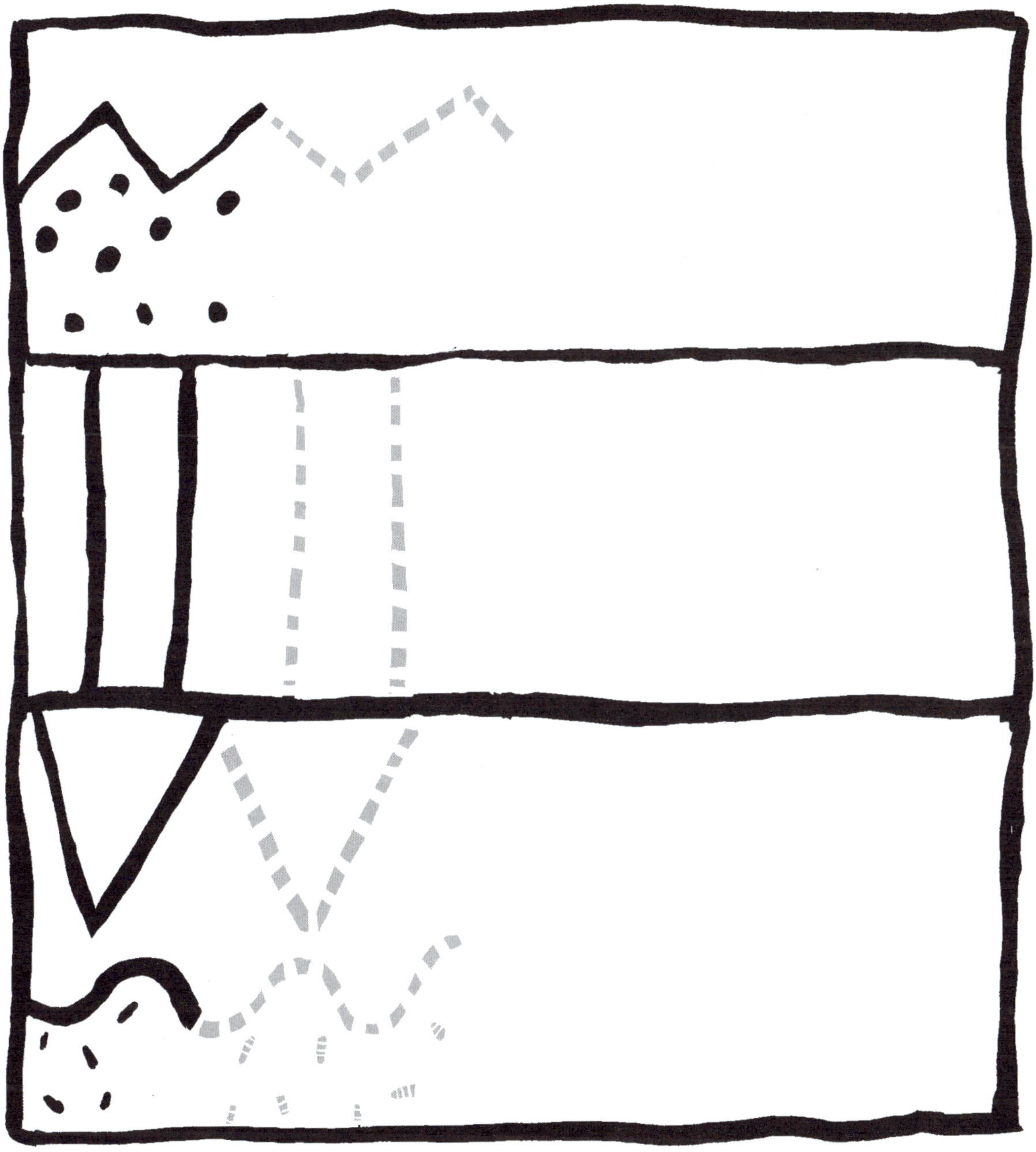

LE COIN DES PARENTS

Les lignes en pointillé amènent l'enfant à la maîtrise du geste graphique. Il est souhaitable que l'enfant trace les lignes en levant son crayon le moins souvent possible.

Tibili et la course en pirogue

Un immense drapeau bleu s'agite pour annoncer le départ de la course. Au son des tam-tams, la foule lance des cris.
Les enfants se jettent dans la rivière et grimpent dans leur pirogue.
Tibili s'empare des rames et pousse avec ardeur. Il avance à toute vitesse. Très vite, il dépasse tout le monde.

(à suivre…)

Entoure, dans l'alphabet, les majuscules que tu vois dans le texte ci-dessus.

A B C D E F G H I J K L M N O P Q R S T U V W X Y Z

Maintenant, entoure-les dans cet autre alphabet.

A B C D E F G H I J K L M N O P Q R S T U V W X Y Z

Relie les mots qui correspondent.

la foule	*les enfants*
la rivière	*la foule*
les enfants	*le drapeau*
le drapeau	*la rivière*

LE COIN DES PARENTS

Dans la troisième activité, il est souhaitable que l'enfant lise en premier les mots écrits en caractères d'imprimerie.

À l'aide d'un feutre, repasse sur les tracés, puis continue les lignes.

un un im im

en en men men

se se dr dr

ape ape peau peau

Repasse sur les groupes de mots, puis écris seul(e).

un immense drapeau

les enfants

LE COIN DES PARENTS

Il est important que l'enfant tienne correctement son stylo, entre le pouce, l'index et le majeur.

La foule lance des cris. *La foule lance des cris.*

Copie avec un stylo.

L
La
fou
foule
lan
ce
lance
des
cris

L
La
fou
foule
lan
ce
lance
des
cris

Copie autant de fois que tu le veux.

La foule lance des cris.

LE COIN DES PARENTS

Si votre enfant se fatigue et se crispe, arrêtez-le et félicitez-le pour le travail déjà fait. Il pourra reprendre la page à un autre moment.

L'hippopotame

Avec des feutres de couleur, suis les pointillés pour faire le dessin et termine-le.

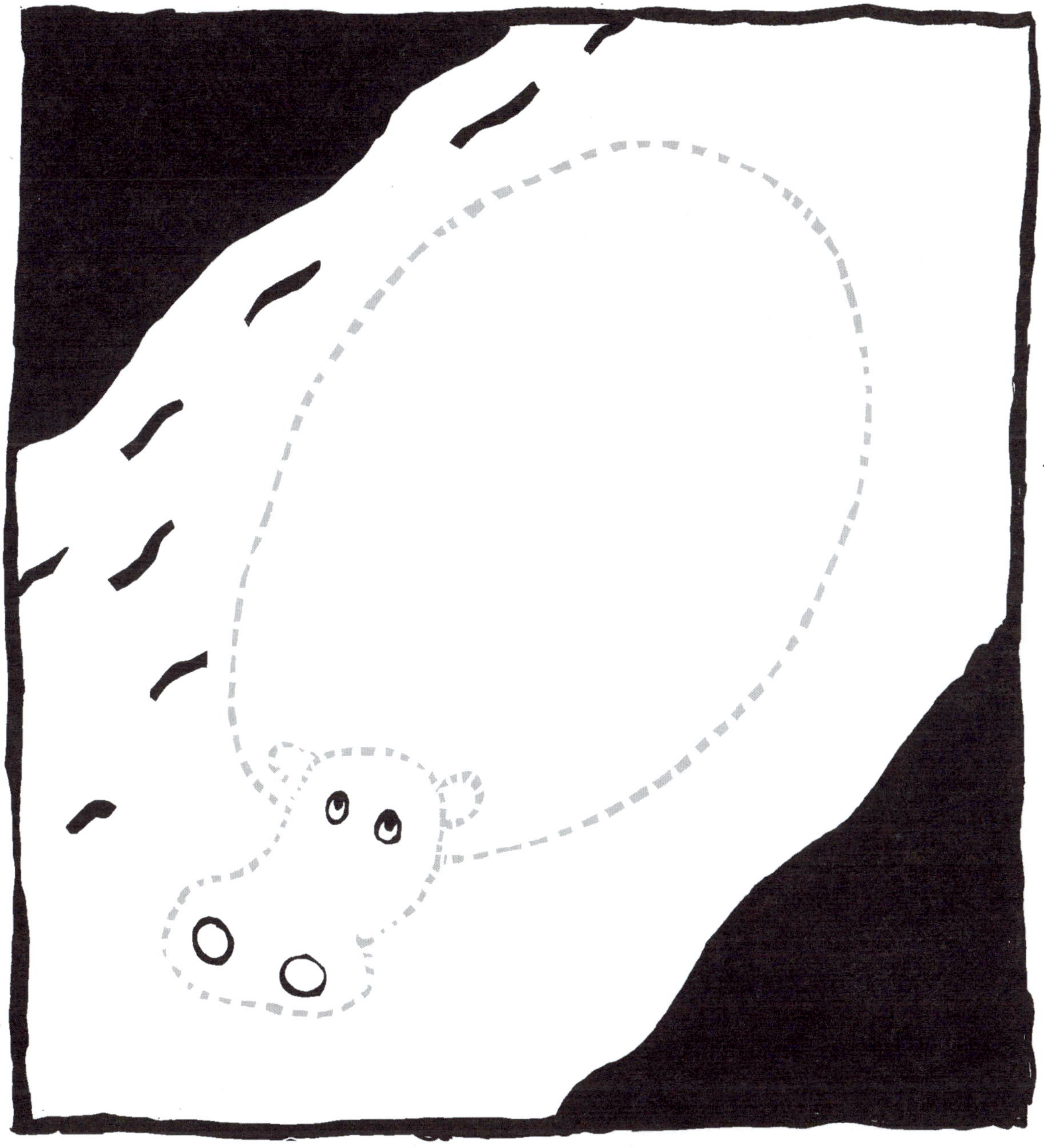

LE COIN DES PARENTS

L'enfant peut reprendre des formes graphiques qu'il a déjà dessinées pages 5, 9 ou 13, ou en inventer de nouvelles.

Tibili et la course en pirogue

Tibili est en première position.
Tout à coup, le garçon sent sa pirogue bouger. Plouf ! Il tombe dans la rivière.
La tête de Sumo, l'énorme hippopotame, surgit de l'eau.
Quel maladroit, ce Sumo !
Il n'a pas vu la pirogue de Tibili arriver.
Malheureusement, le courant de la rivière emporte notre héros.

(à suivre…)

Entoure, dans l'alphabet, les majuscules que tu vois dans le texte ci-dessus.

A B C D E F G H I J K L M N O P Q R S T U V W X Y Z

Maintenant, entoure-les dans cet autre alphabet.

A B C D E F G H I J K L M N O P Q R S T U V W X Y Z

Relie les mots qui correspondent.

Sumo	Kablé
Tibili	Mézou
Kablé	Sumo
Mézou	Tibili

LE COIN DES PARENTS

Dans l'activité située en bas de page, l'enfant s'entraîne à reconnaître deux écritures du même mot. Cet exercice n'est pas facile pour les enfants.

À l'aide d'un feutre, repasse sur les tracés, puis continue les lignes.

h h hip hip

pp pp po po

or or op op

nor nor me me

Repasse sur les groupes de mots, puis écris seul(e).

l'énorme hippopotame

la tête de l'hippopotame

LE COIN DES PARENTS

La décomposition des tracés et la présence de flèches permettent de montrer à l'enfant comment les lettres s'attachent.

Sumo surgit de l'eau. *Sumo surgit de l'eau.*

Quel maladroit ! *Quel maladroit !*

Copie avec un stylo.

S	*S*
Sumo	*Sumo*
sur	*sur*
surgit	*surgit*
eau	*eau*
droit	*droit*
maladroit	*maladroit*
Quel	*Quel*

Copie les deux phrases.

Sumo surgit de l'eau. Quel maladroit !

LE COIN DES PARENTS

L'enfant acquiert plus d'autonomie. Les modèles d'écriture proposés le guident de moins en moins.

Le gris-gris

Avec des feutres de couleur, repasse sur les pointillés et continue les motifs du dessin.

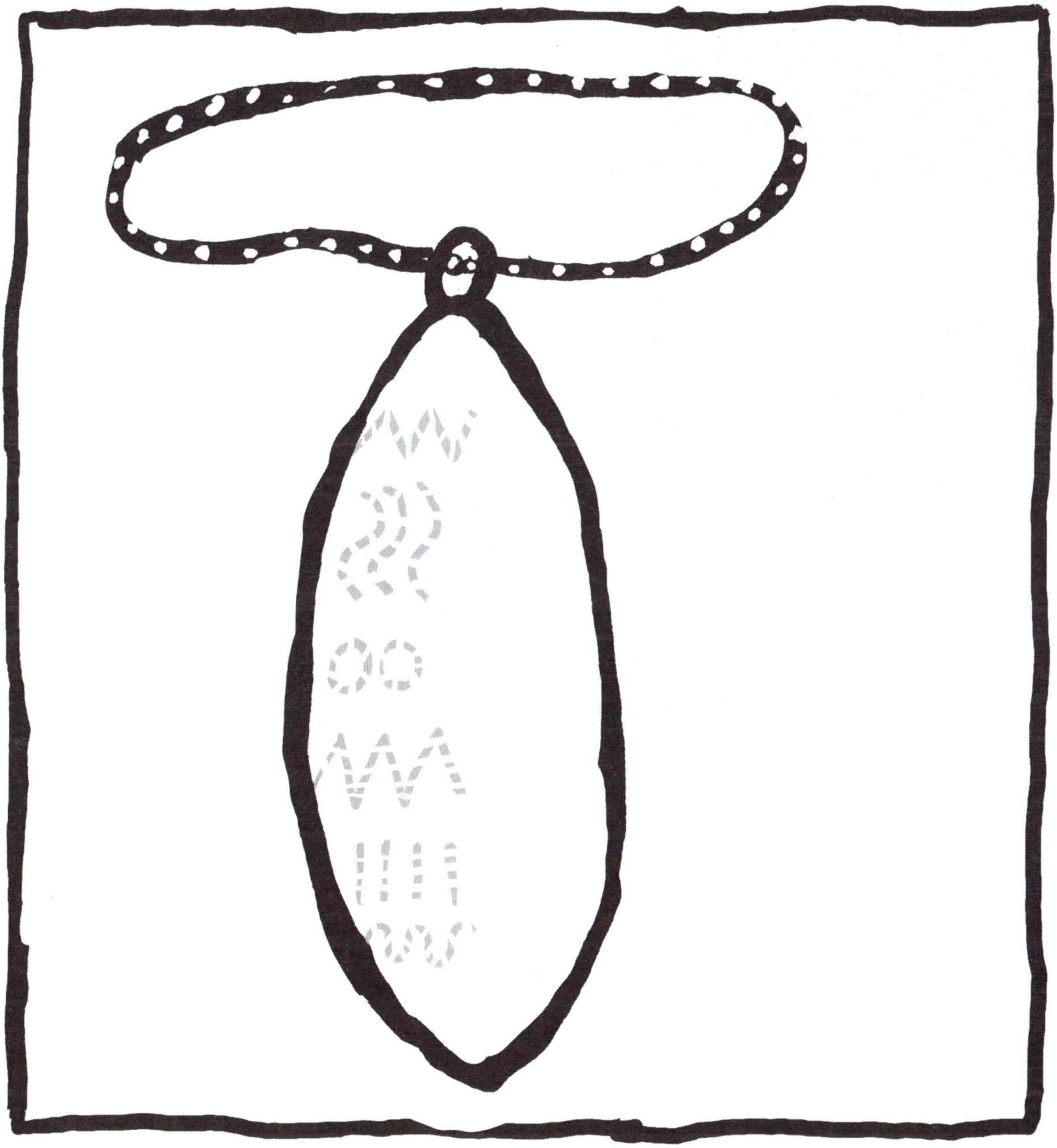

LE COIN DES PARENTS

Vous pouvez proposer à votre enfant différents types d'outils (feutres, pinceaux, crayons de couleur). Plus il utilise des outils variés, plus il développe son habileté graphique.

Tibili et la course en pirogue

Tibili serre très fort le gris-gris que sa maman lui a mis autour du cou en lui mumurant à l'oreille :
« Il éloignera les mauvais esprits ;
il te portera chance. »
De la chance, Tibili en a bien besoin.
Mézou, le chien, a suivi Tibili et sa pirogue le long de la rivière.
Il comprend que Tibili est en danger.
Que faire ?
Il aboie le plus fort possible.

(à suivre…)

Souligne, dans la liste suivante, les mots que tu retrouves dans le texte.

mauvais bon bouche oreille gris-gris

Mézou Kablé pirogue danger

LE COIN DES PARENTS

Après avoir lu le texte avec l'enfant, vous pouvez lui demander de vous montrer tel mot ou tel autre, afin de le préparer à l'exercice.

À l'aide d'un feutre, repasse sur les tracés, puis continue les lignes.

gr gr is is

dan dan ger ger

ch ch ien ien

chan chan ce ce

Repasse sur les groupes de mots, puis écris seul(e).

la maman

un gris-gris

le danger

la chance

LE COIN DES PARENTS

Il est important que l'enfant démarre son geste au point rouge, et qu'il respecte la continuité du mouvement qui lie deux lettres.

À l'aide d'un stylo, recopie les mots.

Tibili

maman

la sœur

la famille

un hippopotame

une pirogue

Tibili a une pirogue.

LE COIN DES PARENTS

Avant de commencer l'activité, vous pouvez demander à l'enfant de lire le mot et d'essayer de le tracer avec son doigt. Cachez éventuellement le modèle avant d'écrire. Dans cette activité, l'enfant s'entraîne à la copie de mots déjà vus dans d'autres séquences.

N'gan le crocodile

Avec des feutres de couleur, suis les pointillés pour faire le dessin et colorie-le.

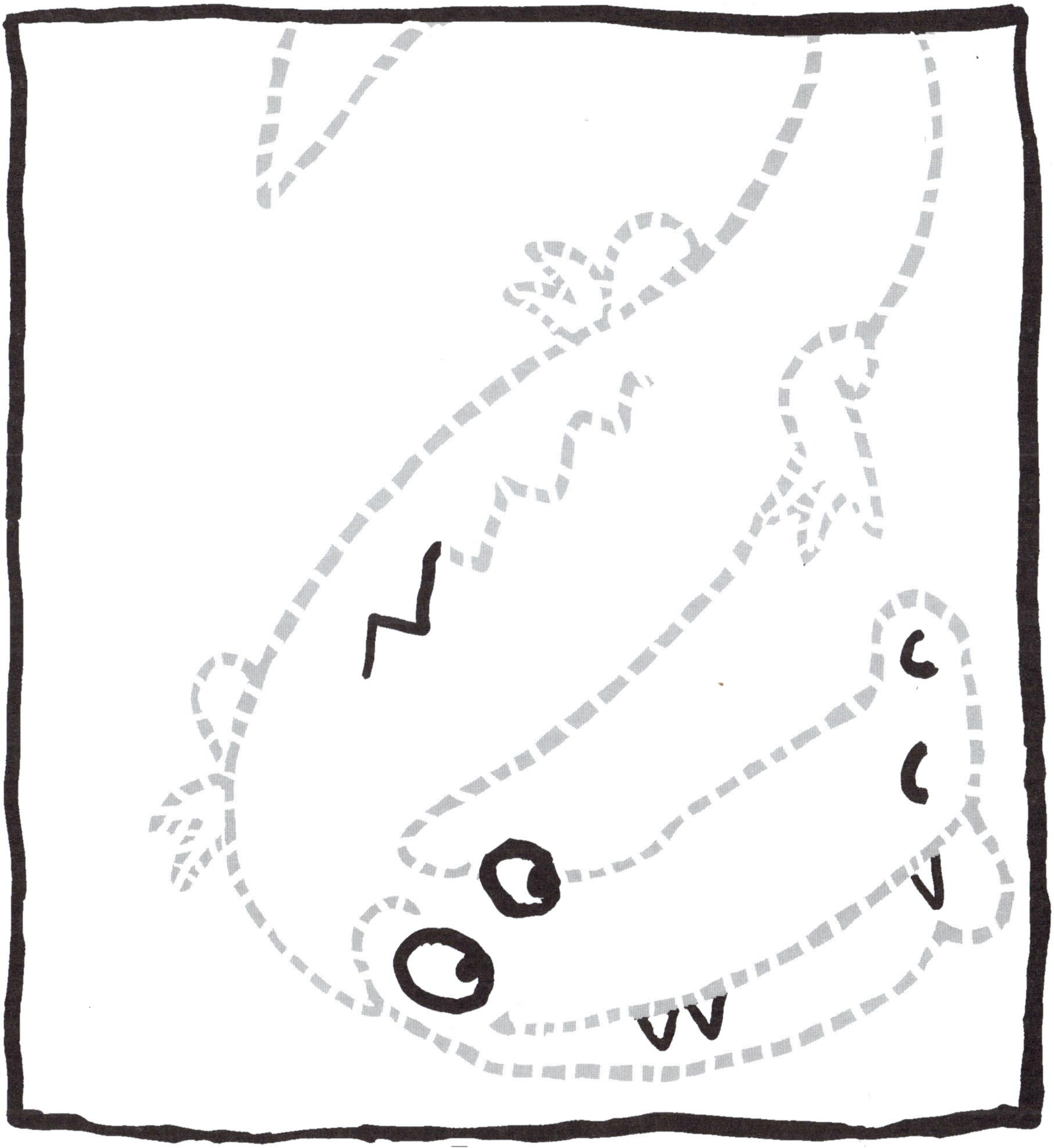

LE COIN DES PARENTS

L'enfant doit contrôler le mouvement de son poignet au moyen du regard, afin d'anticiper les changements de trajectoire des lignes en pointillé.

Tibili et la course en pirogue

N'gan, le crocodile, entend Mézou aboyer. Malgré sa vieillesse, N'gan nage de toutes ses forces. Son corps long et plat glisse sous celui du garçon. Ainsi transporté, Tibili reprend des forces. N'gan le ramène au bord de la rivière.

Pendant ce temps, Mézou ne ménage pas sa peine. À l'aide de ses crocs, le chien attrape la corde de la pirogue et la tire vers Tibili. (à suivre…)

Entoure les mots du texte.

le bien	la cloche	la pierre
le chant	la corde	l'arrière
le chien	le coude	la rivière

Colorie la phrase du texte.

Il nage de toutes ses forces.

N'gan nage de toutes ses forces.

N'gan nage lentement.

LE COIN DES PARENTS

Ces activités demandent à l'enfant une véritable compétence de lecteur. Elles l'entraînent à lire et à différencier deux formes d'écritures.

À l'aide d'un feutre, repasse sur les tracés, puis continue les lignes.

cr cr cro cro

ile ile dile dile

v v vi vi

riv riv ère ère

Repasse sur les phrases, puis écris-les seul(e).

Le crocodile nage dans la rivière.

Le crocodile attrape Tibili.

LE COIN DES PARENTS

Dans cette activité, l'enfant s'exerce à faire correctement les liaisons dans des mots longs.

À l'aide d'un stylo, recopie les mots et les phrases.

le chien

le crocodile

la corde

Le chien attrape la corde.

Le chien tire la pirogue.

Le crocodile glisse.

Tibili est dans la rivière.

LE COIN DES PARENTS

Il est nécessaire que votre enfant lise les mots et les phrases avant de les copier. Le travail sur les rayures Séyès lui demande beaucoup de concentration ; il peut encore rencontrer des difficultés pour effectuer seul les tracés de mots. Pour l'aider, vous pouvez les écrire devant lui.

C'est l'arrivée !

À l'aide d'un feutre, suis les pointillés pour retrouver le chemin de Tibili. Ensuite, complète le dessin et colorie-le.

LE COIN DES PARENTS

Il est souhaitable que l'enfant suive les pointillés sans lever son feutre et qu'il colorie le dessin sans « déborder ». (Il peut maintenant maîtriser ses gestes.)

Tibili et la course en pirogue

Tibili saute dans la pirogue.
« Je vais sûrement arriver le dernier »,
pense-t-il tristement.
Mais, dans sa chute, le courant
l'a entraîné près de l'arrivée.
Quelle surprise et quelle joie !
Sa pirogue est la première.
« Hourra ! hourra ! » crie-t-il.
Toute la famille se précipite
pour le féliciter de cette victoire.

(fin)

Souligne dans la liste suivante les mots que tu retrouves dans le texte.

course   départ   arrivée

famille   ami   victoire

Colorie la phrase du texte.

Tibili tombe dans la pirogue.

Il saute dans la pirogue.

Tibili saute dans la pirogue.

LE COIN DES PARENTS

Vous pouvez proposer à l'enfant de choisir des mots du texte et de les écrire seul sur une feuille de papier. Il en est maintenant capable.

À l'aide d'un feutre, repasse sur les tracés, puis continue les lignes.

arr arr ver ver

pre pre der der

sa sa Sa Sa

je je Je Je

Repasse sur les mots, puis écris seul(e).

Je vais arriver le dernier.

Sa pirogue est la première.

LE COIN DES PARENTS

Nous introduisons peu à peu les majuscules cursives, qui seront étudiées au CE1.

Voici six phrases qui résument l'histoire.
Après les avoir lues, recopie-les en rétablissant l'ordre.

Le drapeau bleu annonce le départ.

Sumo l'hippopotame renverse Tibili.

Tibili gagne.

Tibili prépare sa pirogue.

N'gan le crocodile rattrape Tibili et Mézou le chien tire la pirogue.

LE COIN DES PARENTS

Cet exercice permet de s'assurer que l'enfant a compris l'histoire qu'il a lue. Avant de commencer cette activité, vous pouvez lui relire le texte entier.

Lecture

La maison de Tibili

Numérote de 1 à 4 les étapes du dessin de Tibili et écris en dessous le nom de l'élément ajouté. Voici le modèle des mots à écrire :

Tibili *le chien* *l'arbre*

....

....

....

la maison

LE COIN DES PARENTS

Dans cette activité, l'enfant observe des images, les compare, repère les différences et en déduit un ordre chronologique.

Une nuit dans la brousse

Comme tous les matins, le papa et la maman de Tibili vont cueillir le coton dans les champs, et tous les enfants du village vont à l'école.
Tibili aussi doit aller à l'école.

Mais aujourd'hui, Tibili part en cachette dans la brousse pour jouer au chasseur.
Tibili imagine qu'il court aussi vite que la gazelle et qu'il capture un léopard.

Mais les hautes herbes se colorent en noir : c'est la nuit qui arrive, et Tibili doit retourner au village.

(à suivre…)

LE COIN DES PARENTS

Votre enfant peut avoir encore besoin d'aide pour lire des textes nouveaux : vous pouvez lui lire cette première page, puis lui demander ce que veut dire « Tibili part en cachette ».

Que fait Tibili ?
Dans chaque colonne, entoure la phrase qui est vraie.

Tibili va à l'école.	Tibili travaille.
Tibili va jouer dans la brousse.	Tibili dort.
Tibili va dans les champs de coton.	Tibili joue.

Souligne les mots de l'histoire.

Tilili
Tibili

village
virage

garçon
gazelle
marelle

lézard
léopard
renard

colle
école
écuelle

heure
arbre
herbes

LE COIN DES PARENTS

Ces activités permettent de vérifier que l'enfant a compris ce qu'il a lu. Dans le second exercice, l'enfant s'entraîne à reconnaître des mots du texte.

Colorie Tibili si les phrases sont différentes.

Papa et maman cueillent le coton.

Papa et maman cueillent le maïs.

Les enfants vont à l'école.

Les enfants vont à l'école.

Tibili joue dans la brousse.

Tibili joue avec sa trousse.

Tibili doit retrouver le village.

Tibili doit retourner au village.

Qui fait quoi ? Souviens-toi de l'histoire et relie ce qui va ensemble.

- Ils vont à l'école.
- Ils cueillent le coton.
- Il part en cachette dans la brousse.
- Il joue au chasseur.

LE COIN DES PARENTS

Voilà deux activités très profitables pour devenir un bon lecteur : la première oblige l'enfant à lire de façon très attentive ; la seconde entraîne sa mémoire.

La collection d'images

**Tibili cherche les images identiques.
Encadre de la même couleur chaque paire.**

LE COIN DES PARENTS

L'observation fine et la perception des détails, dans une image, permettent à l'enfant d'améliorer le déchiffrement et la compréhension d'un texte.

Une nuit dans la brousse

Tibili suit le chemin tracé par les herbes couchées.
Des vautours planent au-dessus des grands arbres.
Tibili avance de plus en plus vite car il a peur.

Un long cri résonne.
Tibili s'arrête pour écouter, puis il reprend sa marche.
Il fait de plus en plus noir et Tibili se met à courir.

(à suivre…)

LE COIN DES PARENTS

Avant la lecture, vous pouvez demander à votre enfant combien de fois le mot « Tibili » est écrit. Vous pouvez également l'aider en lui lisant une partie du texte, en écoutant sa lecture à voix haute ou en lui faisant raconter ce qu'il a lu.

Souligne en rouge ce qui est vrai.

Tibili voit des lions.

Tibili a peur.

Tibili voit des vautours.

Le jour se lève.

Tibili joue.

La nuit arrive.

Dans chaque cerf-volant, repère le(s) mot(s) identique(s) au premier. Colorie-le(s) de la même couleur.

chemin	chameau	cheminée	chemin	chien
courir	venir	courir	couvrir	courir
peur	pur	prune	peur	peur
marche	mange	marche	manche	marche

LE COIN DES PARENTS

Les phrases proposées dans les exercices sont plus faciles à lire que le texte de l'histoire suivie. Ainsi, l'enfant peut réaliser les activités de façon autonome. Dans un premier temps, vous pouvez lui lire les consignes.

Retrouve chaque mot dans la liste située en dessous. Entoure-le.

le léopard	la gazelle	Tibili	le vautour

le lion	la marelle	Tibili	le mouton
le lézard	la gazelle	tirelire	le vautour
le léopard	la galopade	Tilili	le velours

Pour chaque dessin, retrouve la phrase qui correspond et recopie-la en dessous.

Tibili regarde les vautours. • Tibili marche. • Tibili court.

....

....

LE COIN DES PARENTS

Dans ces activités, l'enfant s'entraîne à passer d'une écriture à l'autre. Il doit savoir lire aussi bien un texte en caractères d'imprimerie qu'un texte écrit en cursive.

Cache-cache

Observe ce dessin.

**Retrouve les morceaux du dessin et colorie-les de la même couleur.
Fais attention aux intrus.**

LE COIN DES PARENTS

Ce jeu demande à l'enfant de regarder une image dans son ensemble, puis de repérer les détails. Ces deux compétences (saisir un contexte, trier des informations) sont nécessaires pour être un lecteur actif.

Une nuit dans la brousse

Mais soudain, le pied de Tibili
cogne dans quelque chose.
« Hé ! ça pique ! crie Tibili.

– Pourquoi me réveilles-tu ? »
grogne un porc-épic très en colère.

« Je vais au village, dit Tibili, et tu es sur mon chemin. »
Sans attendre la réponse du porc-épic, Tibili poursuit sa route.

(à suivre…)

LE COIN DES PARENTS

Les illustrations aident l'enfant à deviner ce que l'histoire raconte.
Il peut être intéressant de laisser l'enfant formuler des hypothèses
en lui montrant les images et en cachant le texte.

Relie chaque phrase au personnage qui la dit.

« Hé ! ça pique ! »

« Je vais au village. »

« Pourquoi me réveilles-tu ? »

« Tu es sur mon chemin. »

Entoure ce qui est vrai.

Tibili réveille un hérisson.

Tibili se pique contre un porc-épic.

Tibili dort.

Le porc-épic mange.

Le porc-épic est en colère.

Tibili se réveille.

Le porc-épic se réveille.

LE COIN DES PARENTS

Dans de nombreuses histoires, les animaux parlent.
Il est intéressant de distinguer avec l'enfant le réel de l'imaginaire.

Colorie de la même couleur les différentes écritures du même mot.

Tibili	PIED	PORC-ÉPIC
porc-épic	*Tibili*	pied
pied	*porc-épic*	TIBILI

Pour chaque dessin, trouve le mot qui correspond et écris-le en dessous.

le chemin • le village • les arbres • le porc-épic • le pied • les vautours

....

....

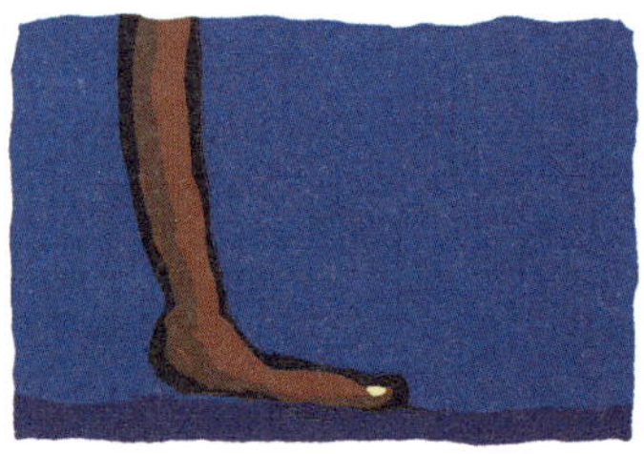

....

....

....

....

LE COIN DES PARENTS

Les mots n'ont pas la même apparence lorsqu'ils sont en écriture cursive ou en caractères d'imprimerie. Il est important que l'enfant s'entraîne à passer d'une écriture à l'autre.

Le puzzle

Tibili a commencé un puzzle. Il lui reste trois pièces à placer. Écris, à l'intérieur du puzzle, le numéro qui correspond à chaque pièce manquante.

1 2 3

LE COIN DES PARENTS

Cette activité consiste à positionner mentalement les morceaux d'un puzzle les uns par rapport aux autres pour former un ensemble cohérent.
Dans un texte, nous faisons le même travail avec les mots et les phrases.

Une nuit dans la brousse

Le cri long et triste retentit à nouveau.
Tibili sursaute et lève la tête.
Les vautours sont de plus en plus nombreux.
Tibili sent un danger ; il se dirige vers les grands oiseaux.
En bordure de forêt, il trouve un petit éléphant qui tente de soulever sa mère.
« Pauvre bébé, murmure Tibili, les chasseurs ont tué ta maman. »

(à suivre…)

LE COIN DES PARENTS

Le découpage de l'histoire en épisodes peut motiver l'enfant en stimulant sa curiosité. Mais il n'est pas inutile, de temps en temps, de faire une relecture de l'histoire en continu, afin qu'il se remémorise le fil des événements.

Retrouve l'ordre de l'histoire. Numérote les phrases de 1 à 3.

☐ Tibili va vers les vautours.

☐ Tibili trouve un bébé éléphant et sa mère.

☐ Un cri fait sursauter Tibili.

Réponds par « oui » ou « non ».

Qui a tué la maman éléphant ?

les tigres ? ....

Tibili ? ....

les chasseurs ? ....

les vautours ? ....

LE COIN DES PARENTS

Ces activités ont pour but de vérifier la compréhension globale du texte. L'enfant peut avoir besoin de relire plusieurs fois l'histoire. Il est préférable qu'il utilise un crayon à papier afin de pouvoir gommer en cas d'erreur.

Sépare les mots dans chaque ligne, puis lis les phrases.

Les|vautourssontdeplusenplusnombreux.

Tibili|trouveunpetitéléphant.

Tibilisursauteetlèvelatête.

Pour chaque mot, trois syllabes sont proposées.
Relie les bonnes syllabes et lis le mot ainsi composé.

ar •
• bre
ra •

che •
• min
cha •

é •
• léphant
en •

gar •
• zelle
ga •

vau •
• tour
voi •

gar •
• çon
gra •

LE COIN DES PARENTS

Ces activités permettent d'améliorer la vitesse de lecture. Il est important de savoir que la découverte d'un texte est plus facile en lecture silencieuse.

Quel est cet animal ?

D'après l'ombre, retrouve l'animal qui est avec Tibili.
Complète chaque ligne en utilisant les mots de cette liste :

le crocodile • le lion • la gazelle • l'éléphant • le singe
le caméléon • le zèbre • le tigre • la girafe • le rhinocéros

Tibili et ....

Tibili et ....

Tibili et ....

Tibili et ....

Tibili et ....

Tibili et ....

LE COIN DES PARENTS

Un conseil : Vérifiez que votre enfant ne fasse pas de fautes en recopiant le nom des animaux.

Une nuit dans la brousse

L'éléphanteau pleure de plus en plus fort ;
il donne de grands coups de trompe sur la tête de sa maman.
Tibili tente de le consoler. « Je suis Tibili, dit-il, un petit garçon du village de Diolé ; je cherche mon chemin. »

Enfin, l'éléphanteau se couche par terre.
Tibili décide de passer la nuit près de lui.

(à suivre…)

LE COIN DES PARENTS

Si votre enfant souhaite découvrir la suite de l'histoire, vous pouvez lui lire l'histoire complète, page 64. Il relira les épisodes pour faire les activités.

Relie chaque question à la bonne réponse.

Qui est-ce qui donne des coups de trompe ? •

Qui est-ce qui dort la nuit dans la brousse ? •

Qui est-ce qui cherche son chemin ? •

Qui est-ce qui console l'éléphanteau ? •

Qui est-ce qui pleure ? •

Qui est-ce qui habite le village de Diolé ? •

• 

• 

• 

Barre le mot qui ne correspond pas à l'histoire.

L'éléphanteau < se cache / se couche > par terre.

Tibili < trouve / cherche > son chemin.

LE COIN DES PARENTS

Dans la première activité, plusieurs phrases sont à la forme interrogative. Vous pouvez demander à votre enfant de les lire à voix haute, afin de vérifier qu'il leur donne une intonation ascendante. S'il ne le fait pas, attirez son attention sur la ponctuation.

Écris les lettres qui manquent.

Tibili

Tib li

un éléphant

un él ph nt

un oiseau

un isea

le porc-épic

le po c-é ic

le garçon

le ar on

le village

le vil ag

Sépare les mots de la phrase par des traits rouges.

L'|éléphanteaudonnedegrandscoupsdetrompesurlatêtedesamaman.

Recopie la phrase en espaçant les mots.

LE COIN DES PARENTS

L'apprentissage de la lecture et celui de l'écriture se font en parallèle, car les compétences exercées sont complémentaires.

Méli-mélo

Depuis le début du cahier, tu lis une histoire.
Dessine un cadre autour des images qui racontent cette histoire.

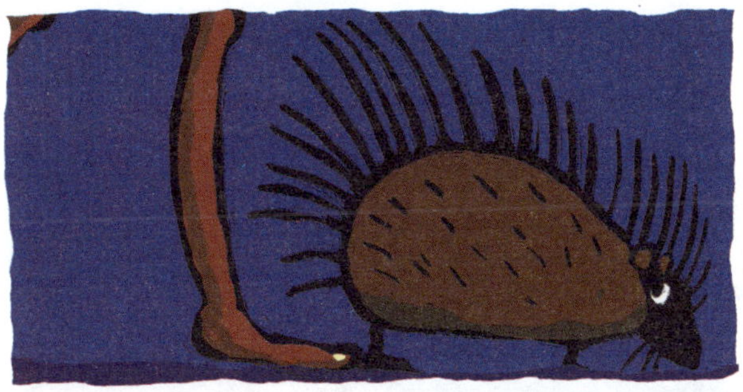

LE COIN DES PARENTS

Lire des histoires permet à l'enfant de les raconter ensuite à sa manière, avec ses mots. Avec l'aide des illustrations, votre enfant va pouvoir se souvenir des moments clés du récit.

Une nuit dans la brousse

Le bébé éléphant se réveille le premier et barrit si fort que Tibili se lève d'un bond.
« Tu m'as fait peur ! crie Tibili. Est-ce une façon de dire bonjour ? »
L'éléphanteau se remet à pleurer.
Tibili décide de le ramener au village.
« Mais comment faire pour retrouver le village ? » se demande Tibili.

À ce moment, un nuage de poussière s'élève dans la partie sud de la plaine.
Tibili se rappelle la leçon de grand-père Bakou :
« Si tu es perdu dans la brousse, suis le troupeau de zèbres ; il te conduira au lac. Notre village est près des grands tamariniers. »

(à suivre…)

LE COIN DES PARENTS

Après la lecture du texte, vous pouvez demander à votre enfant comment il imagine la fin de l'histoire.

Coche la bonne réponse.

	Vrai	Faux
Tibili se réveille le premier.		
L'éléphanteau barrit et réveille Tibili.		
Le troupeau de zèbres va au lac.		
Tibili voit un nuage de poussière.		
Un troupeau d'éléphants soulève le nuage de poussière.		
Le village de Tibili est à côté du lac.		

Écris les mots qui ont été remplacés par une image.

 se rappelle la leçon de  :

« Si tu te perds dans la brousse, suis le troupeau de  ;

il te conduira au  .

Notre  est près des grands  . »

....

....

LE COIN DES PARENTS

La seconde activité attire l'attention de l'enfant sur les informations importantes du texte, informations qu'il doit retenir pour comprendre le dénouement de l'histoire.

Barre le mot intrus dans chaque série.

bébé	bon	bonjour	demande	brousse	Bakou
premier	peur	grand	pleurer	plaine	poussière
réveille	ramener	retrouver	nuage	route	rappelle
Tibili	tamarinier	troupeau	faire	tué	trompe

Pour retrouver les mots du texte, relie les bonnes syllabes et lis les mots ainsi composés.

	• ge		• le
villa •	• gue	zè •	• vre
	• gre		• bre
	• chon		• re
le •	• çon	plai •	• ne
	• von		• me
	• ge		• nue
nua •	• pe	tamari •	• nir
	• que		• nier
	• jour		• ce
bon •	• gue	poussiè •	• re
	• gre		• ve

LE COIN DES PARENTS

Dans la seconde activité, il est souhaitable que l'enfant lise les mots qu'il a composés afin de vérifier qu'il n'a pas fait d'erreur.

Où est Tibili ?

Dans chaque illustration, dessine Tibili en suivant les indications.

L'éléphant marche derrière Tibili.

Tibili est sur l'éléphant.

Tibili est devant l'éléphant mais derrière le zèbre.

LE COIN DES PARENTS

L'enfant doit tenir compte de l'illustration et du texte avant de commencer l'activité.

Une nuit dans la brousse

Tibili attrape l'éléphanteau
par la trompe et tire en criant :
« Viens vite ! Il faut rejoindre
le troupeau de zèbres ! »
L'éléphanteau refuse d'avancer ;
Tibili s'énerve.
« J'ai perdu mon chemin, dit le petit
garçon en pleurant à son tour.
Je veux suivre les zèbres ».
Le bébé éléphant avance enfin.

Pendant de longues heures, ils marchent
ensemble derrière le troupeau.
Enfin, les grognements des hippopotames
signalent le lac tout proche. L'éléphanteau
se met à courir en emportant Tibili, qui tombe
dans le lac au milieu des hippopotames.
De grands éclats de rire retentissent.
Tibili lève la tête. Toute sa famille est là !

Depuis cette aventure, Tibili ne joue plus au chasseur ; il va avec grand-père Bakou déposer au bord du lac des friandises pour les éléphants.
Le bébé éléphant s'appelle Tibi, afin d'honorer Tibili pour son courage, et il a une nouvelle maman.

(fin.)

LE COIN DES PARENTS

Pour faciliter sa compréhension du texte, vous pouvez rappeler à votre enfant la leçon de grand-père Bakou ou lui poser des questions : « Où va le troupeau ? Pourquoi Tibili veut-il le suivre ? »

Lis chaque proposition et coche la bonne réponse.

Tibili parle à l'éléphanteau ; il lui dit :	Vrai	Faux
« Viens vite ! Il faut rejoindre mon grand-père ! »		
« Viens vite ! Il faut rejoindre le troupeau de zèbres ! »		
« J'ai perdu mon chien. »		
« J'ai perdu mon chemin. »		
« Je veux suivre les zèbres. »		

Numérote les dessins dans l'ordre de l'histoire.

LE COIN DES PARENTS

Il est bon, pour que votre enfant devienne un lecteur actif, de lui faire formuler son avis sur l'histoire : Aime-t-il la fin ? Y a-t-il des moments gais et des moments tristes ? Lesquels ?

Qui a expliqué à Tibili la façon de retrouver son chemin ? Entoure son nom. Si tu ne t'en souviens plus, relis l'histoire, page 56.

Papa Ghéna

Kablé

La maman de Tibili

Le sorcier du village

Un garçon du village

Grand-père Bakou

Relie les syllabes pour former des mots de l'histoire.

tama •	• ri • • ru •	• nier
gro •	• gne • • ge •	• ment
hippo •	• po • • pon •	• tame
élé •	• plan • • phan •	• teau
frian •	• bi • • di •	• se
cou •	• ra • • ran •	• ge

LE COIN DES PARENTS

La première activité demande à l'enfant de bien se souvenir de l'histoire afin de répondre à une question précise.

Une nuit dans la brousse

Comme tous les matins, le papa et la maman de Tibili vont cueillir le coton dans les champs, et tous les enfants du village vont à l'école. Tibili aussi doit aller à l'école. Mais aujourd'hui, Tibili part en cachette dans la brousse pour jouer au chasseur.
Tibili imagine qu'il court aussi vite que la gazelle et qu'il capture un léopard.
Mais les hautes herbes se colorent en noir : c'est la nuit qui arrive, et Tibili doit retourner au village.
Tibili suit le chemin tracé par les herbes couchées. Des vautours planent au-dessus des grands arbres. Tibili avance de plus en plus vite car il a peur.
Un long cri résonne. Tibili s'arrête pour écouter puis il reprend sa marche. Il fait de plus en plus

noir et Tibili se met à courir.
Mais soudain, le pied de Tibili cogne dans quelque chose.
« Hé ! ça pique ! crie Tibili.
– Pourquoi me réveilles-tu ? » grogne un porc-épic très en colère.
« Je vais au village, dit Tibili, et tu es sur mon chemin. »
Sans attendre la réponse du porc-épic, Tibili poursuit sa route.
Le cri long et triste retentit à nouveau. Tibili sursaute et lève la tête. Les vautours sont de plus en plus nombreux. Tibili sent un danger ; il se dirige vers les grands oiseaux. En bordure de forêt, il trouve un petit éléphant qui tente de soulever sa mère.
« Pauvre bébé, murmure Tibili, les chasseurs ont tué ta maman. »

L'éléphanteau pleure de plus en plus fort ; il donne de grands coups de trompe sur la tête de sa maman. Tibili tente de le consoler. « Je suis Tibili, dit-il, un petit garçon du village de Diolé ; je cherche mon chemin. » Enfin, l'éléphanteau se couche par terre. Tibili décide de passer la nuit près de lui.

Le bébé éléphant se réveille le premier et barrit si fort que Tibili se lève d'un bond.
« Tu m'as fait peur ! crie Tibili. Est-ce une façon de dire bonjour ? »
L'éléphanteau se remet à pleurer. Tibili décide de le ramener au village.
« Mais comment faire pour retrouver le village ? » se demande Tibili.
À ce moment, un nuage de poussière s'élève dans la partie sud de la plaine. Tibili se rappelle la leçon de grand-père Bakou :
« Si tu es perdu dans la brousse, suis le troupeau de zèbres ; il te conduira au lac. Notre village est près des grands tamariniers. »
Tibili attrape l'éléphanteau par la trompe et tire en criant : « Viens vite ! Il faut rejoindre le troupeau de zèbres ! »

SUITE >>>

L'éléphanteau refuse d'avancer ; Tibili s'énerve.
« J'ai perdu mon chemin, dit le petit garçon en pleurant à son tour. Je veux suivre les zèbres ».
Le bébé éléphant avance enfin. Pendant de longues heures, ils marchent ensemble derrière le troupeau.
Enfin, les grognements des hippopotames signalent le lac tout proche. L'éléphanteau se met à courir en emportant Tibili, qui tombe dans le lac au milieu des hippopotames.
De grands éclats de rire retentissent. Tibili lève la tête. Toute sa famille est là !
Depuis cette aventure, Tibili ne joue plus au chasseur ; il va avec grand-père Bakou déposer au bord du lac des friandises pour les éléphants.
Le bébé éléphant s'appelle Tibi, afin d'honorer Tibili pour son courage, et il a une nouvelle maman.

Maths

Tibili ne veut pas aller à l'école.

Tibili ne veut pas aller à l'école. Il sort de sa case et va rendre visite au sorcier, allongé dans un champ. Il se dirige ensuite vers la rivière pour voir N'gan, le crocodile, puis il se repose sur un rocher. Il reprend sa route et retrouve son amie, la girafe.

À l'aide d'une règle, trace le trajet de Tibili.

LE COIN DES PARENTS

Pour aider votre enfant, vous pouvez lui lire lentement le texte et la consigne, et lui demander ensuite ce qu'il faut faire, pour vérifier qu'il a compris. Dans cette activité de géométrie, l'enfant s'entraîne à repérer un trajet et à le tracer avec précision à l'aide d'une règle.

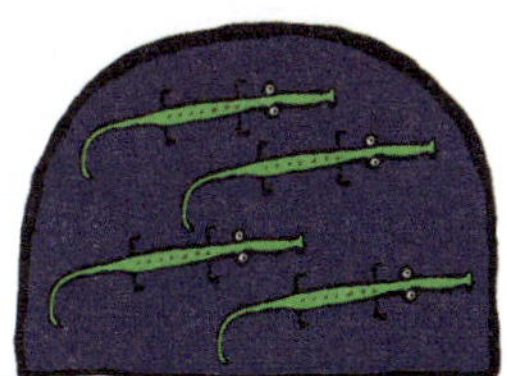

Relie chaque série d'animaux au nombre correspondant.

6

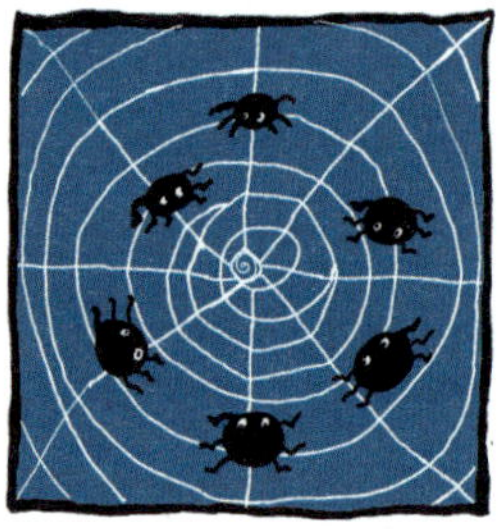

7

5

8

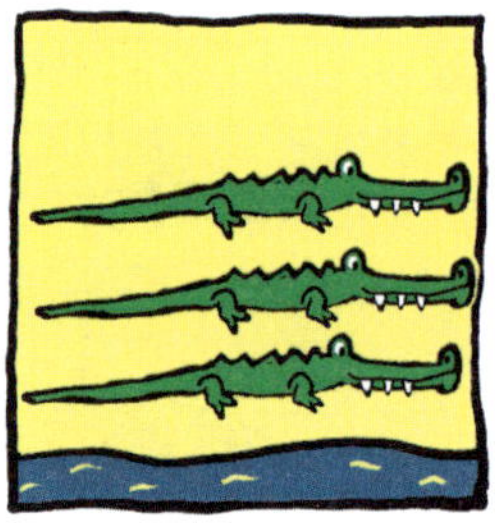

3

0

4

Complète la bande numérique écrite :

- en chiffres

0	.	2	.	4	.	.	7	.	9

- en mots

zéro	un	.....	trois	.....	cinq	six	.....	huit	.....

LE COIN DES PARENTS

Vous pouvez faire régulièrement avec votre enfant des dictées de nombres, sous forme de jeu : proposez chacun à votre tour un nombre à écrire en chiffres et en lettres, puis comparez si vous avez écrit la même chose.

Installé dans un arbre, Tibili s'amuse avec ses amis, les singes.

Compte le nombre de singes dans chaque arbre et écris le résultat dans l'étiquette.

LE COIN DES PARENTS

Dans cette activité, l'enfant dénombre des quantités puis écrit le nombre correspondant.

Tibili et Kablé cueillent des ananas et des bananes.
Ils préparent 8 paniers contenant chacun 10 fruits.

- **Entoure le panier qui contient 10 fruits.**
- **Complète ensuite chaque panier afin qu'il contienne 10 fruits.**

LE COIN DES PARENTS

Lorsque votre enfant a terminé cette activité, vous pouvez lui demander combien il a mis de fruits en plus, dans chaque panier. C'est une façon de lui faire faire des additions à trous.

Autour du feu…

Tibili et ses amis sont assis autour d'un feu.

Colorie
- **en rouge celui qui est à droite de Tibili ;**
- **en vert celui qui est à gauche de Tibili ;**
- **en bleu celui qui est derrière Tibili ;**
- **en jaune celui qui est devant Tibili.**

LE COIN DES PARENTS

Votre enfant peut avoir du mal à se repérer, mais il sait désigner ses mains : la droite, la gauche. Ses mains peuvent donc lui servir de repère.

Crope l'araignée tisse une bien étrange toile…

Complète la toile en respectant le bon ordre.

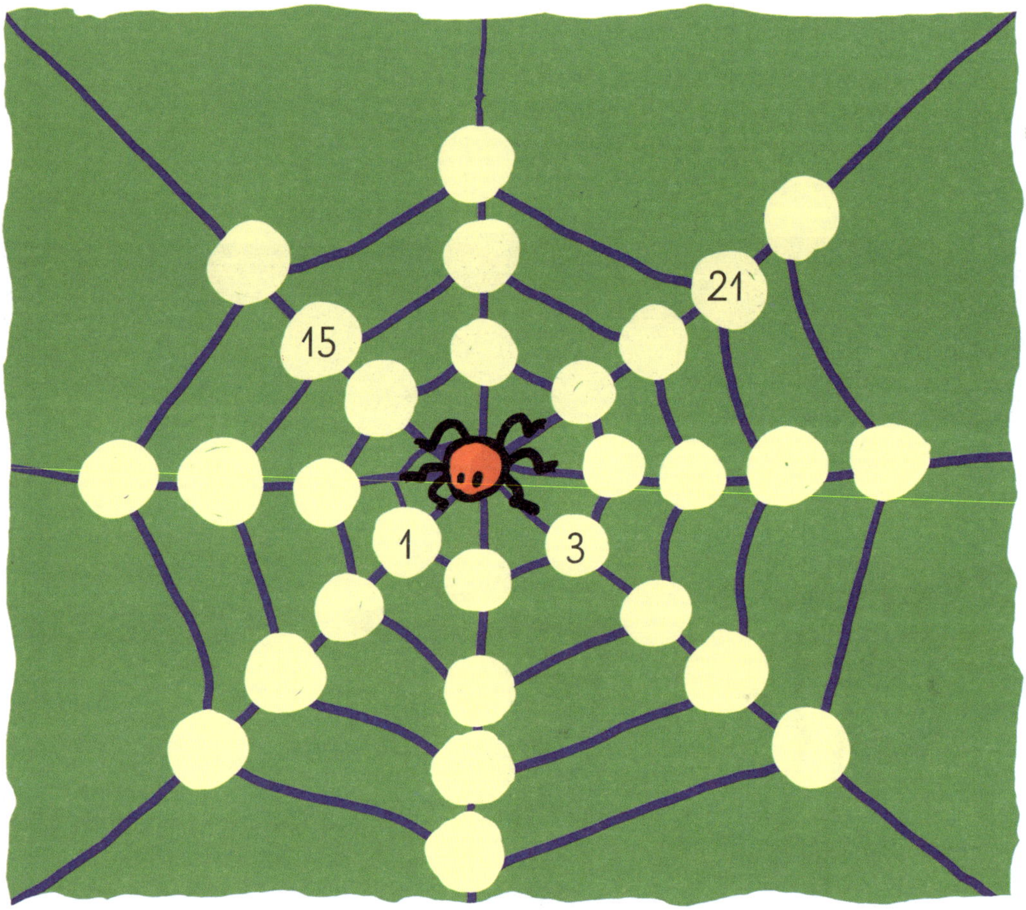

• **Dans la suite de nombres, tu vois que :**

– 5 est avant 8 → tu écris 5 < 8.
(plus petit que)

– 12 est après 8 → tu écris 12 > 8.
(plus grand que)

Maintenant, place le signe qui convient.

9 ……… 12	23 ……… 26	18 ……… 16
14 ……… 10	29 ……… 27	10 ……… 13

LE COIN DES PARENTS

Dans cette activité, l'enfant écrit des nombres (de 1 à 29) et apprend à se repérer dans une suite numérique afin de comparer des nombres.

Derrière la case de la famille de Tibili vivent des animaux.
Observe le dessin.

- **Réponds par « oui » ou « non ».**

Vois-tu autant de chèvres que de buffles ? ....

Vois-tu autant de poules que de pintades ? ....

Vois-tu autant de pintades que de chèvres ? ....

- **Complète par « plus » ou « moins ».**

Il y a .... de buffles que de chèvres.

Il y a .... de poules que de pintades.

Il y a .... de poules que de chèvres.

Il y a .... de buffles que de chiens.

LE COIN DES PARENTS
Dans cette activité, l'enfant compare des quantités et utilise un vocabulaire approprié.

Les femmes du village de Tibili ramassent des épis de maïs.
Elles remplissent chacune deux grands paniers.
Compte le nombre d'épis dans chaque panier et écris-le dans l'étiquette.

- **Complète les écritures.**

La femme en bleu ramasse .... + ... = ... épis de maïs.

La femme en rouge ramasse .... + ... = ... épis de maïs.

La femme en vert ramasse .... + ... = ... épis de maïs.

LE COIN DES PARENTS

L'enfant dénombre des quantités et s'entraîne à l'addition.

Tibili a dessiné l'école du village sur un papier quadrillé.

Reproduis son dessin en partant du point rouge. Aide-toi des carreaux du quadrillage.

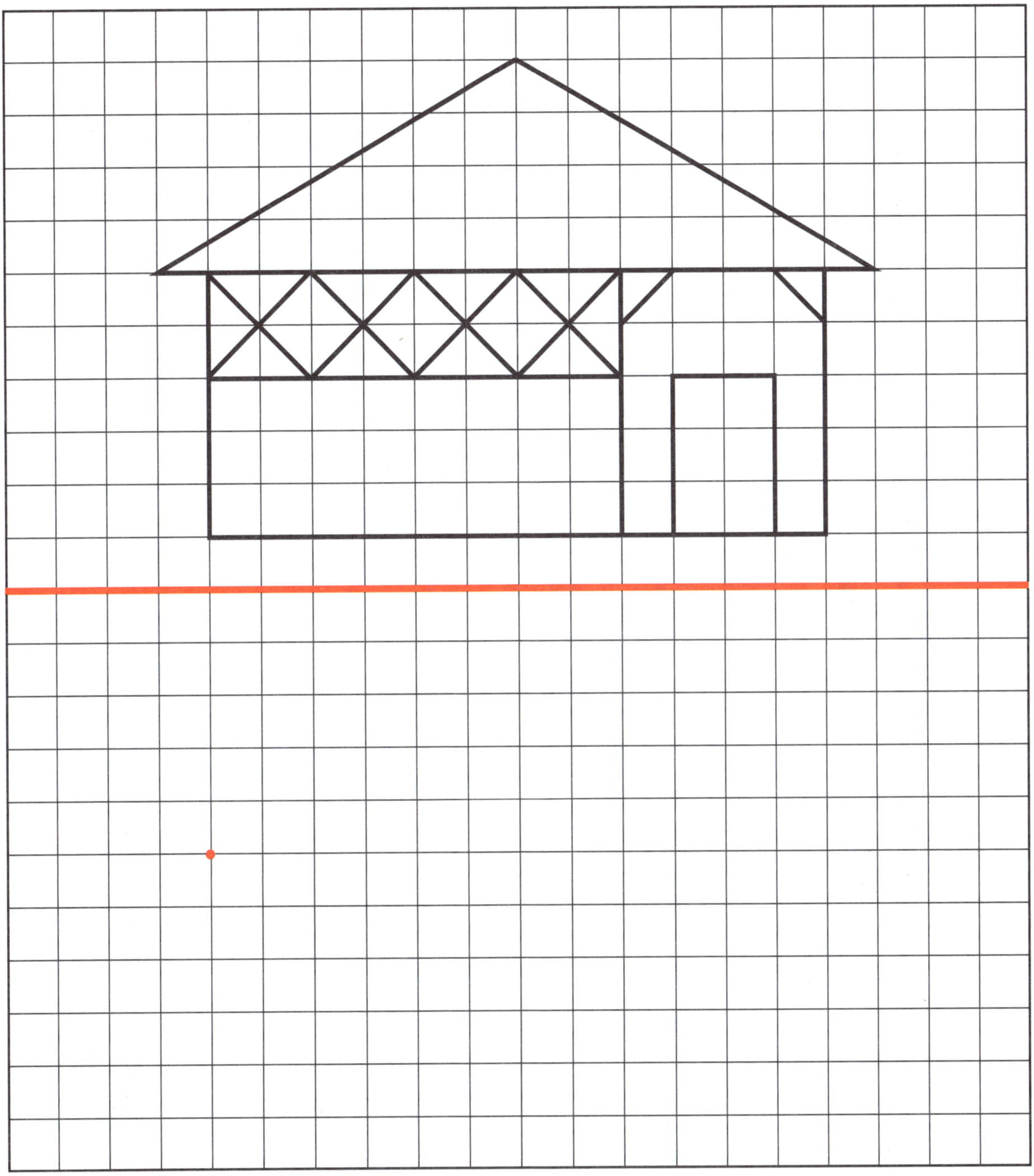

LE COIN DES PARENTS

Dans cette activité, l'enfant s'entraîne à utiliser un quadrillage pour reproduire un dessin.

Tibili pêche le barracuda.

Colorie en suivant le code :

- **de 10 à 19 →** (bleu)
- **de 20 à 29 →** (rouge)
- **de 30 à 39 →** (jaune)
- **de 40 à 49 →** (marron)
- **de 50 à 59 →** (vert)

LE COIN DES PARENTS

L'enfant apprend à respecter un code et à se repérer dans une suite numérique (de 10 à 59).

Papa Ghéna et Tibili récoltent le miel.

Compte le nombre d'abeilles dans chaque ruche et écris-le sur la porte.

- Colorie :

– en marron le toit de la ruche qui contient le plus d'abeilles ;
– en jaune le toit de la ruche qui contient le moins d'abeilles ;
– en rouge le toit de la ruche dont le nombre d'abeilles est à la fois plus grand que 19 et plus petit que 35.

LE COIN DES PARENTS

Dans cette activité, l'enfant dénombre et hiérarchise des quantités.

Le zèbre, la girafe et le crocodile jouent au tir à l'arc.

- **Calcule le score de chaque joueur.**

15 + 10 + 10 + 5 = . .

. . + . . + . . + . = . .

. . + . . + . + . = . .

- **Classe les scores dans l'ordre croissant :**

. . < . . < . .

- **Entoure le nom du vainqueur.**

le zèbre　　la girafe　　le crocodile

LE COIN DES PARENTS

L'enfant résout un problème en utilisant l'addition et en comparant des nombres.

Le village de Tibili

Colorie le village de Tibili en suivant le code :

○ → en marron △ → en vert

▭ → en jaune □ → en bleu

Combien comptes-tu :

- de triangles ? ....
- de carrés ? ....
- de rectangles ? ....
- de cercles ? ....

LE COIN DES PARENTS

Dans cette activité, l'enfant s'entraîne à reconnaître des formes géométriques et à respecter un code.

Observe chaque suite de nombres et continue.

58 59 . . . .

58 57 . . . .

65 66 . . . .

75 74 . . . .

81 82 . . . .

- **Écris en chiffres les nombres suivants.**

soixante-douze : ....

soixante-trois : ....

quatre-vingt-huit : ....

cinquante-neuf : ....

soixante-dix : ....

LE COIN DES PARENTS

Au-delà de 69, l'enfant peut rencontrer des difficultés pour passer de l'écriture d'un nombre en lettres à son écriture en chiffres (ou l'inverse). Pour l'aider, vous pouvez lui faire repérer le(s) mot(s) qui désigne(nt) les dizaines (ex. : **quatre-vingt**-trois → **8**3).

Papa Ghéna, Tibili et ses cousins fabriquent des briques en terre cuite.
Représente la quantité fabriquée par chacun, comme dans l'exemple.

Exemple :

35 = 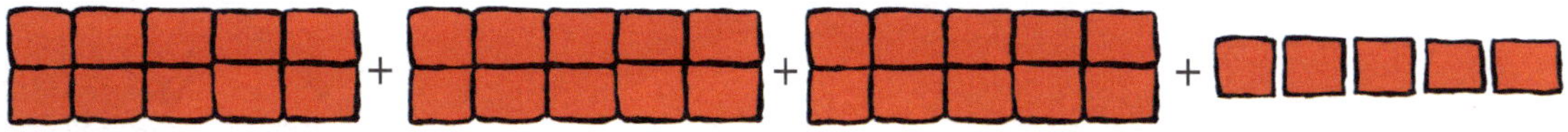

23 = + +

Tibili

40 = + +

\+

Cousin Kouba

18 = +

Cousin Malou

59 = + +

\+ + +

Papa Ghéna

LE COIN DES PARENTS

Le nombre 10 est le nombre clé de notre numération. Dans cette activité, l'enfant apprend à décomposer chaque nombre en dizaines et en unités et se prépare ainsi à la technique de l'addition.

Tibili, Kablé et leur maman cueillent des fruits et les mettent ensuite dans un grand panier.

- **Entoure l'opération qui correspond à cette image.**

6 + 10 + 12   16 + 11 + 12   8 + 10 +12

- **Entoure le résultat de cette opération.**

30   18   39   28

- **Sur le chemin, Kablé mange une banane.**
Combien le panier contient-il de fruits maintenant ?

Dans le panier, il y a . . fruits.

LE COIN DES PARENTS

Dans cette activité, l'enfant résout un problème en utilisant l'addition et la soustraction.

Le loto des images

Écris où se trouvent :

le crocodile (......, ...)
le lion (......, ...)
la girafe (......, ...)
l'éléphant (......, ...)
le zèbre (......, ...)
le singe (......, ...)
la pintade (......, ...)

Dessine :

l'araignée (1, A)
la chauve-souris (5, C)
le serpent (3, B)

LE COIN DES PARENTS

Avant de commencer cette activité, vous pouvez faire repérer à votre enfant les lignes et les colonnes du tableau, et lui faire visualiser quelques intersections.

Relie chaque nombre écrit en lettres à son écriture chiffrée.

quatre-vingt-trois •	• 74
vingt-deux •	• 18
soixante-quatorze •	• 49
dix-huit •	• 22
quarante-neuf •	• 56
cinquante-six •	• 83

Complète en écrivant le nombre.

1 dizaine 9 unités = 19

3 dizaines 8 unités = . .

6 dizaines 2 unités = . .

1 dizaine 1 unité = . .

2 dizaines 5 unités = . .

5 dizaines 0 unité = . .

7 dizaines 8 unités = . .

3 dizaines 6 unités = . .

Complète par le signe =, < ,ou >.

4 dizaines 2 unités 48

7 dizaines 6 unités 67

8 dizaines 7 unités 87

3 dizaines 3 unités 23

5 dizaines 9 unités 59

6 dizaines 8 unités 70

1 dizaine 0 unité 10

4 dizaines 3 unités 43

LE COIN DES PARENTS

Il est indispensable que l'enfant ait compris que le chiffre placé à droite indique la quantité d'unités et le chiffre placé à gauche, la quantité de dizaines.

■ Tibili compte à l'envers. Complète les frises.

51	50	. .	. .	. .	. .	. .	. .

75	. .	73	. .	. .	. .	. .	. .

84	83	. .	81	. .	. .	. .	. .

■ Complète les carrés en écrivant le nombre qui est avant celui du milieu et le nombre qui est après.

59	60	61
	75	
	89	
	92	
	95	

LE COIN DES PARENTS

Lorsque votre enfant compte à l'envers, veillez à ce qu'il enlève 1 aux unités (et non aux dizaines).

Papa Ghéna et Tibili comptent leurs briques de terre cuite en les rangeant par 10.

- **Combien Tibili a-t-il de briques ?**

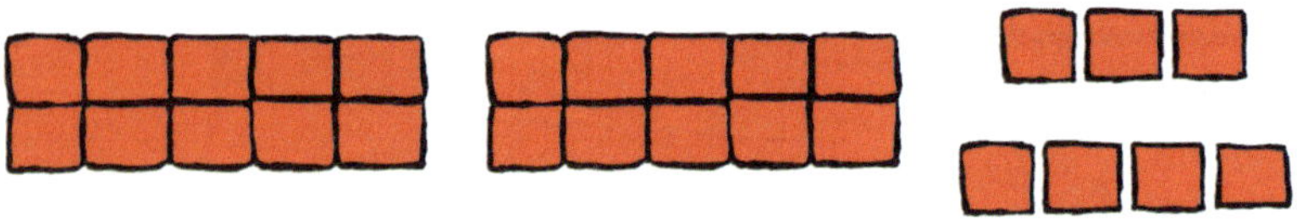

d	u

- **Combien papa Ghéna a-t-il de briques ?**

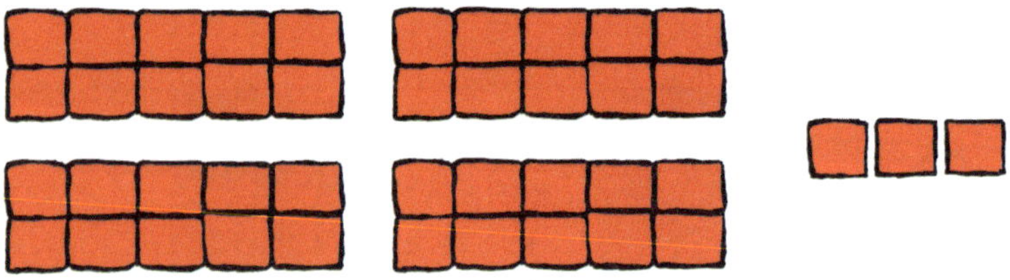

d	u

- **Combien ont-ils de briques en tout ?**

	d	u	
	.	.	← Tibili
+	.	.	← Papa Ghéna
=	.	.	← En tout

- **Pour aider papa Ghéna et Tibili, Kablé leur apporte 11 briques. Combien en ont-ils à eux trois ?**

	d	u	
	.	.	← Tibili et papa Ghéna
+	.	.	← Kablé
=	.	.	← En tout

LE COIN DES PARENTS

Un conseil : Rappelez à votre enfant que, dans une addition, on commence toujours par les unités. Cette règle s'applique pour toutes les opérations et elle est indispensable pour réussir les additions à retenues.

Tibili se déguise avec ses amis. Il met un masque de lion.
Trace l'autre moitié du masque et colorie le dessin.

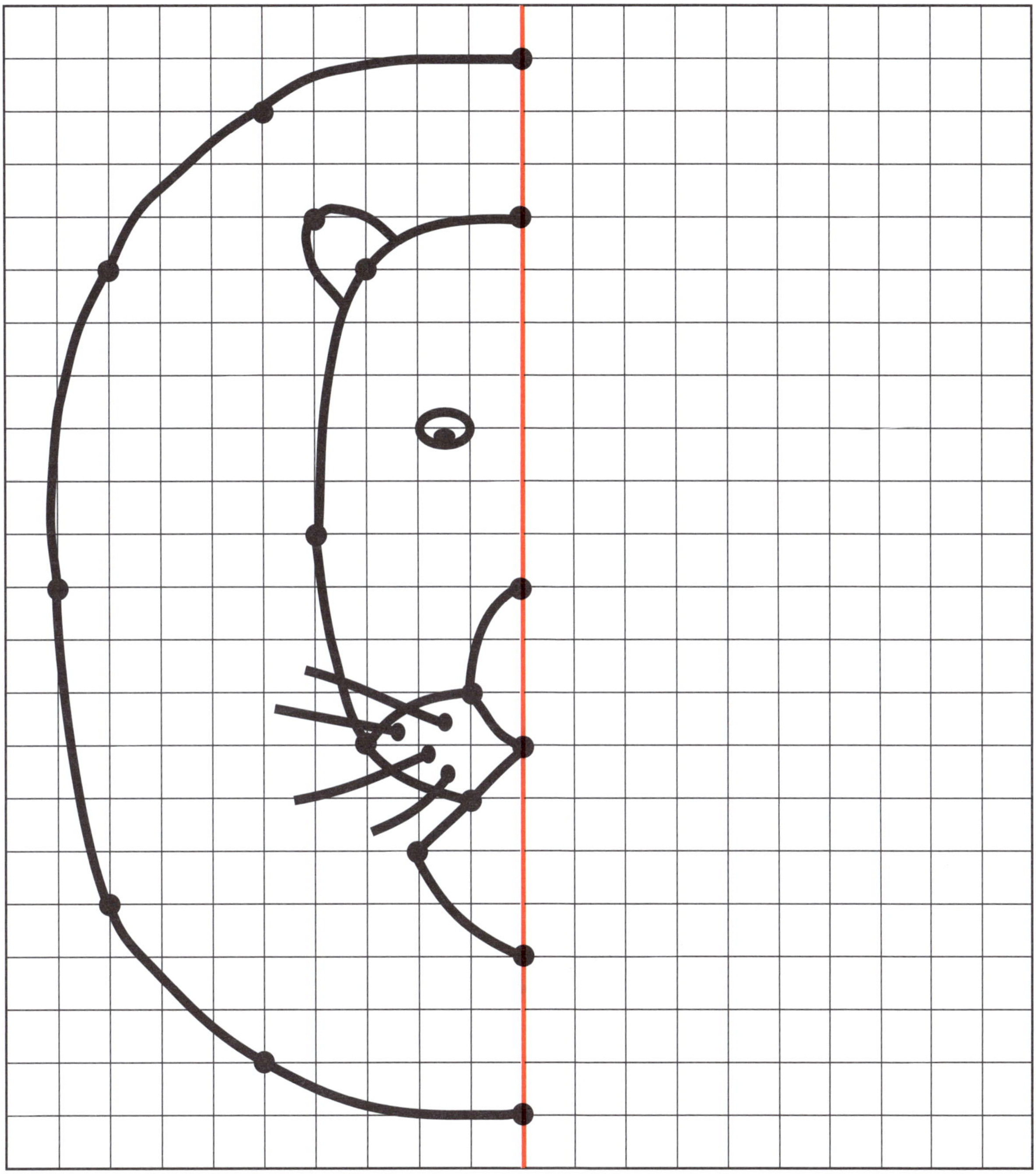

LE COIN DES PARENTS
Dans cette activité, l'enfant apprend à utiliser un quadrillage pour réaliser un dessin symétrique.

Tibili et Mézou, le chien, s'amusent à tracer une suite de nombres sur le sable. Mais ils ont oublié de placer certains nombres.

Écris les nombres manquants.

LE COIN DES PARENTS

L'enfant écrit des nombres et se repère dans la suite numérique (de 40 à 100).

Pour la fête du village, Kablé fabrique 3 jolis colliers. Dessine-les !

- **Premier collier**

Enfile les perles en respectant le modèle et en utilisant au total : 12 perles rouges, 15 perles jaunes, 5 perles vertes et 10 perles bleues.

- **Deuxième collier**

Fais de même en utilisant : 12 perles vertes, 8 perles jaunes et 16 perles bleues.

- **Troisième collier**

Fais de même en utilisant : 5 perles jaunes, 10 perles rouges, 10 perles vertes et 10 perles bleues.

Kablé voudrait savoir pour quel collier elle a utilisé le plus de perles.

- **Compte le nombre de perles utilisées pour chaque collier.**

1er collier : .... 2e collier : .... 3e collier : ....

- **Compare ces trois nombres.**

.... < .... < ....

LE COIN DES PARENTS

Dans ces activités, l'enfant comprend et poursuit une suite logique ; il dénombre et compare des quantités.

Tibili joue aux devinettes avec Kablé, Mamadou et papa Ghéna.

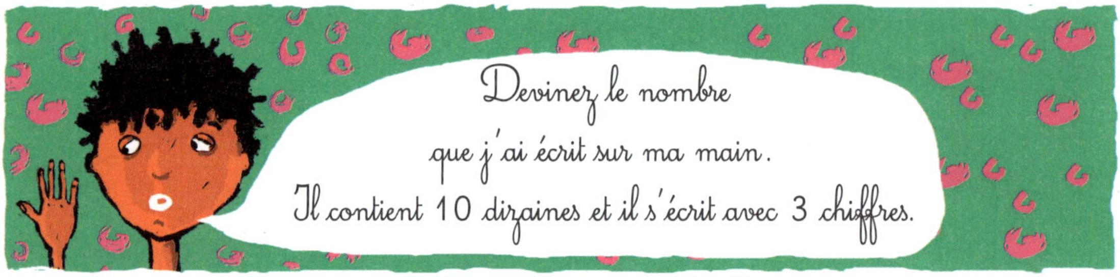

Colorie la bulle où est inscrite la bonne réponse.

Tibili cherche le coffret du savoir. Il ne peut marcher que sur les cases où le résultat est 100.

Colorie son trajet.

	48 + 1	5 + 3	30 + 20	10 + 10 + 10 +10
50 + 50	47 + 2	30 + 30 + 30 + 30	96 + 3	59 + 40
80 + 20	90 + 10	25 + 25 + 25 + 25	30 + 70	25 + 25 + 25
89 + 10	30 + 5	50 + 40	50 + 50	99 + 1
4 + 6	12 + 4	25 + 3 + 1	12 + 10 + 4	

LE COIN DES PARENTS

Votre enfant peut avoir des difficultés à se représenter les quantités lorsqu'il aborde les centaines. Pour l'aider, vous pouvez lui faire ranger des allumettes par paquets de 10, afin qu'il voie que, pour atteindre le nombre 100, il faut regrouper 10 dizaines.

Tibili s'amuse à peser ses amis deux à deux.
Entoure à chaque fois celui qui est le plus lourd des deux.

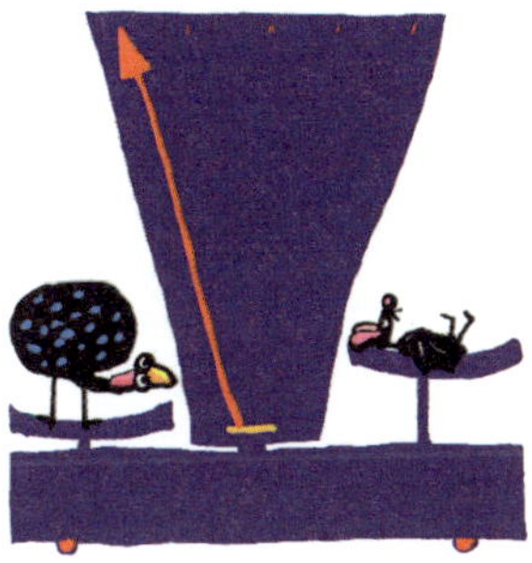

- **Complète avec *léger* / *légère* ou *lourd* / *lourde*.**

Le girafe est plus .... que le chien.

Le chien est plus .... que la girafe.

La pintade est plus .... que la souris.

La souris est plus .... que la pintade.

L'éléphant est plus .... que le lion.

Le lion est plus .... que l'éléphant.

Le lézard est plus .... que le crocodile.

Le crocodile est plus .... que le lézard.

LE COIN DES PARENTS
Dans cette activité, l'enfant compare des masses et utilise le vocabulaire approprié.

Kablé écrit une suite numérique.
Trouve comment elle compte et continue.

60 62 64 . . . .

Tibili écrit une suite numérique.
Trouve comment il compte et continue.

100 99 98 . . . .

Pour fabriquer les colliers, enfile les perles dans l'ordre croissant des nombres.

88 42 17 64 73 26 90

73 1 24 33 81 22 56

LE COIN DES PARENTS

Vous pouvez entraîner votre enfant aux suites numériques en faisant de petits jeux avec lui, à l'oral. Par exemple, comptez : « 0, 3, 6, 9… » et dites-lui de continuer.

La maman de Tibili et Kablé donne à ses enfants un sac de bonbons.

Combien y a-t-il de bonbons dans le sac ? . .

Tibili et Kablé se partagent les bonbons.

Dessine les bonbons afin que les enfants reçoivent le même nombre de bonbons de chaque couleur.

Combien y a-t-il de bonbons dans chaque sac ? . .

LE COIN DES PARENTS

L'enfant compte pour constituer deux quantités parfaitement identiques. S'il hésite, vous pouvez lui faire manipuler de véritables bonbons avant de dessiner.

Papa Ghéna a peint Tibili et le sorcier du village.
Mais les couleurs de son tableau ont disparu !

- **Calcule.**

$$\begin{array}{r} 16 \\ +\ 36 \\ \hline .\ . \end{array} \qquad \begin{array}{r} 49 \\ +\ 11 \\ \hline .\ . \end{array} \qquad \begin{array}{r} 67 \\ +\ 28 \\ \hline .\ . \end{array}$$

$$\begin{array}{r} 74 \\ +\ 7 \\ \hline .\ . \end{array} \qquad \begin{array}{r} 38 \\ +\ 25 \\ \hline .\ . \end{array} \qquad \begin{array}{r} 53 \\ +\ 19 \\ \hline .\ . \end{array}$$

- **Complète le code en écrivant le résultat des opérations aux bons endroits.**

→ . .   → . .   → . .

→ . .   → . .   → . .

- **Maintenant, colorie Tibili et le sorcier selon le code.**

LE COIN DES PARENTS

Avant de commencer cette activité, vous pouvez faire avec votre enfant quelques additions à retenues en dehors du cahier afin de revoir la procédure.
On commence toujours par les unités.

page 68

• *1re activité :* 6 araignées – 6 poissons – 3 crocodiles 7 tortues

• *2e activité :* 0 – 1 – 2 – 3 – 4 – 5 – 6 – 7 – 8 – 9
zéro – un – deux – trois – quatre – cinq – six – sept – huit – neuf

page 69

1re arbre : 0 2e arbre : 5 3e arbre : 7
4e arbre : 10 5e arbre : 8 6e arbre : 2

page 70

Le 1er panier contient 10 fruits.
Nombre de fruits qu'il faut ajouter dans chaque panier : 2e panier : 2 – 3e panier : 2 – 4e panier : 3 – 5e panier : 5 – 6e panier : 1 – 7e panier : 3 – 8e panier : 1

page 71

Il faut colorier : le crocodile en rouge ; l'éléphant en vert ; la girafe en bleu ; le chien en jaune.

page 72

9 < 12 ; 23 < 26 ; 18 > 16 ; 14 > 10 ; 29 > 27 ; 10 <13.

page 73

• Non ; non ; oui.

• Il y a moins de buffles que de chèvres.
Il y a plus de poules que de pintades.
Il y a plus de poules que de chèvres.
Il y a plus de buffles que de chiens.

page 74

La femme en bleu ramasse 5 + 8 = 13 épis de maïs.
La femme en rouge ramasse 12 + 6 = 18 épis de maïs.
La femme en vert ramasse 10 + 9 = 19 épis de maïs.

page 77

• 1re ruche : 12 abeilles ; 2e ruche : 19 abeilles ;
3e ruche : 23 abeilles ; 4e ruche : 8 abeilles ;
5e ruche : 35 abeilles.

• Il faut colorier en marron le toit de la 5e ruche, en jaune le toit de la 4e ruche, en rouge le toit de la 3e ruche.

page 78

• Le zèbre : 40. La girafe : 45. Le crocodile : 35.

• 35 < 40 < 45

• Le vainqueur est la girafe.

page 79

Il y a 16 triangles, 10 carrés, 1 rectangle, 12 cercles.

page 80

• 58 – 59 – 60 – 61 – 62 – 63 – 64
58 – 57 – 56 – 55 – 54 – 53 – 52
65 – 66 – 67 – 68 – 69 – 70 – 71
75 – 74 – 73 – 72 – 71 – 70 – 69
81 – 82 – 83 – 84 – 85 – 86 – 87

• Soixante-douze : 72 soixante-trois : 63
quatre-vingt-huit : 88 cinquante-neuf : 59
soixante-dix : 70

page 81

23 = 10 + 10 + 3
40 = 10 + 10 + 10 +10
18 = 10 + 8
59 = 10 + 10 + 10 + 10 + 10 + 9

page 82

• 6 + 10 +12

• 28

• Dans le panier, il y a 27 fruits.

page 83

Le crocodile (1, B) le zèbre (3, E)
le lion (2, D) le singe (1, E)
la girafe (5, E) la pintade (3, C)
l'éléphant (4, A)

page 84

• quatre-vingt-trois : 83 vingt-deux : 22
soixante-quatorze : 74 dix-huit : 18
quarante-neuf : 49 cinquante-six : 56

• 1 dizaine 9 unités = 19 2 dizaines 5 unités = 25
3 dizaines 8 unités = 38 5 dizaines 0 unité = 50
6 dizaines 2 unités = 62 7 dizaines 8 unités = 78
1 dizaine 1 unité = 11 3 dizaines 6 unités = 36

• 4 dizaines 2 unités < 48 5 dizaines 9 unités = 59
7 dizaines 6 unités > 67 6 dizaines 8 unités < 70
8 dizaines 7 unités = 87 1 dizaine 0 unité = 10
3 dizaines 3 unités > 23 4 dizaines 3 unités = 43

page 85

• 51 – 50 – 49 – 48 – 47 – 46 – 45 – 44
75 – 74 – 73 – 72 – 71 – 70 – 69 – 68
84 – 83 – 82 – 81 – 80 – 79 – 78 – 77

• 59 – 60 – 61 91 – 92 – 93
74 – 75 – 76 94 – 95 – 96
88 – 89 – 90

page 86

- Tibili a 27 briques.
- Papa Ghéna a 43 briques.
- Tibili et papa Ghéna ont 70 briques.
- Tibili, papa Ghéna et Kablé ont 81 briques.

page 89

- *1re activité :* R = perle rouge ; J = perle jaune ; V = perle verte ; B = perle bleue.

– *1er collier :* 2R – 3J – 1V – 2B – 2R – 3J – 1V – 2B – 2R – 3J – 1V – 2B – 2R – 3J – 1V – 2B – 2R – 3J – 1V – 2B – 2R

– *2e collier :* 1V – 2J – 2V – 4B – 1V – 2J – 2V – 4B – 1V – 2J – 2V – 4B – 1V – 2J – 2V – 4B

– *3e collier :* 1J – 2R – 2V – 2B – 1J – 2R – 2V – 2B – 1J – 2R – 2V – 2B – 1J – 2R – 2V – 2B – 1J – 2R – 2V – 2B

- *2e activité :*

– 1er collier : 42 ; 2e : collier : 36 ; 3e collier : 35.

– 35 < 36 < 42

page 90

- *1re activité :* 100.
- *2e activité :* cases à colorier : 50 + 50 ; 80 + 20 ; 90 + 10 ; 25 + 25 + 25 + 25 ; 30 + 70 ; 50 + 50 ; 99 + 1.

page 91

- Animaux à entourer : la girafe, l'éléphant, la pintade, le crocodile.
- La girafe est plus lourde que le chien.
Le chien est plus léger que la girafe.

La pintade est plus lourde que la souris.
La souris est plus légère que la pintade.

L'éléphant est plus lourd que le lion.
Le lion est plus léger que l'éléphant.

Le lézard est plus léger que le crocodile.
Le crocodile est plus lourd que le lézard.

page 92

- *1re activité :*

60 – 62 – 64 – 66 – 68 – 70 – 72 – 74 – 76

- *2e activité :*

100 – 99 – 98 – 97 – 96 – 95 – 94 – 93 – 92

- *3e activité :*

– *1er collier :* 17 – 26 – 42 – 64 – 73 – 88 – 90

– *2e collier :* 1 – 22 – 24 – 33 – 56 – 73 – 81

page 93

- *1re activité :* il y a 26 bonbons.
- *2e activité :* il faut dessiner 5 bonbons rouges, 5 bonbons verts et 3 bonbons jaunes dans chaque sac. Il y a 13 bonbons dans chaque sac.

page 94

bleu : 16 + 36 = 52	rouge : 49 + 11 = 60
jaune : 67 + 28 = 95	vert : 74 + 7 = 81
marron : 38 + 25 = 63	noir : 53 + 19 = 72

Couverture

Conception graphique : Ludovic Dufour

Illustration : Andrée Prigent

Intérieur

Conception graphique : Massimo Miola

Illustrations : Andrée Prigent

Réalisation : MÉDIAMAX et Massimo Miola

Dépôt légal : juillet 2004 -N° éditeur : 2008/166
Achevé d'mprimé en avril 2008 par Vincenzo BONA à Turin (Italie)